PAS de VIANDE ce SOIR !

LAROUSSE

21 rue du Montparnasse 75283 Paris Cedex 06

SOMMAIRE

SALADES COMPLÈTES

LA BONNE SOUPE

GRATINS AUX LÉGUMES

PASTA ? SI !

PETITS PLATS EN SAUCE

À LA POÊLE

TARTES, PIZZAS ET CAKES

ET SI ON SE PASSAIT DE VIANDE AU DÎNER...

... pour que notre alimentation, trop riche en protéines animales, gagne en équilibre et en variété ?

Les nutritionnistes sont d'accord là-dessus : nous mangeons trop de viande. Ce constat trouve de plus en plus d'écho chez les consommateurs, et de nombreuses personnes décident d'en manger moins pour avoir une alimentation meilleure pour leur santé, mais aussi parce que c'est bon pour la planète.

Après un steak à midi, il n'est pas nécessaire de reprendre de la viande le soir, d'autant plus que les alternatives ne manquent pas. Il suffit de repenser le menu de ce repas en laissant plus de place aux légumes et aux fruits, et en privilégiant des produits riches en protéines végétales, notamment les céréales et les légumineuses, ou bien le tofu.

Le quinoa, le boulgour, le sarrasin, sans oublier le riz, font partie des céréales. On peut les ajouter dans les salades, en enrichir une soupe, les faire gratiner avec des légumes ou simplement les servir en accompagnement des plats. On en fait même des desserts : pensez au riz au lait ou au taboulé sucré qui se prépare avec de la semoule ou du quinoa agrémentés de fruits frais ou secs et des épices.

Du côté des légumineuses, on trouve les lentilles, les pois chiches, les haricots en grains... Là aussi, les possibilités sont infinies entre soupes, galettes, currys et autres petits plats en sauce, sans oublier les salades. Quant au tofu, fumé ou nature, de texture ferme ou soyeuse, il se déguste cru ou cuit dans tous les types de plats (soupes, salades, plats en sauce et même desserts), et constitue une source de protéines très intéressante.

Les céréales et les légumineuses contiennent aussi des vitamines, des minéraux et des fibres. Elles sont également riches en glucides complexes, ceux dont l'énergie est assimilée progressivement et qui procurent une sensation de satiété durable. L'idéal est de les associer : elles constituent alors une véritable alternative aux protéines animales.

Dans les pages qui suivent, 70 recettes très variées et « healthy » n'attendent plus que d'être testées (et adoptées !). Pour des repas équilibrés, complétez ces plats, selon le cas, avec une salade verte, du fromage ou un laitage, et un dessert.

Lancez-vous pour découvrir de nouvelles saveurs et textures, et réinventer le repas du soir !

SALADE *de* PENNE *aux* FÈVES *et à l'*AUBERGINE

POUR 4 PERSONNES • PRÉPARATION : 20 MIN • CUISSON : 30 MIN

- *200 g de penne*
- *200 g de fèves pelées surgelées*
- *1 grosse aubergine*
- *1 gros poivron rouge*
- *1 gousse d'ail*
- *2 échalotes*
- *50 g de pistaches mondées*
- *3 c. à soupe d'huile d'olive*
- *1 c. à soupe de vinaigre balsamique blanc*
- *herbes de Provence*
- *sel et poivre*

PETITE VARIANTE
Dégustez chaud en faisant poêler les ingrédients 10 min.

Préchauffez le four à 200 °C. Enfournez le poivron pour 15 min en le retournant en cours de cuisson. À la sortie du four, enfermez-le dans un sac de congélation et laissez refroidir. Retirez ensuite la peau et les graines, puis coupez le poivron en lamelles.

Faites cuire les pâtes *al dente*. Faites cuire les fèves à l'eau bouillante salée selon les indications sur le paquet.

Coupez l'aubergine en cubes. Émincez l'ail et les échalotes. Concassez les pistaches. Mélangez 2 cuillerées à soupe d'huile avec le vinaigre, salez et poivrez.

Faites sauter l'aubergine dans l'huile restante jusqu'à ce qu'elle soit tendre. Ajoutez l'ail et faites revenir 2 min. Salez, poivrez, parsemez d'herbes de Provence.

Dans un saladier, mettez les pâtes égouttées, les légumes, les échalotes et les pistaches. Versez la sauce, mélangez et servez.

SALADE *de* POIS CHICHES *aux* POIVRONS ROUGES

POUR 4 À 6 PERSONNES • PRÉPARATION : 15 MIN

- *500 g de pois chiches en conserve*
- *300 g de poivrons rouges cuits en conserve (ou de piquillos)*
- *1 gousse d'ail (facultatif)*
- *1/2 botte d'oignons nouveaux*
- *1/2 bouquet de basilic*
- *50 g d'olives niçoises dénoyautées*
- *4 c. à soupe d'huile d'olive*
- *sel et poivre*

Rincez et égouttez les pois chiches. Rincez les poivrons, égouttez-les et coupez-les en lanières dans le sens de la longueur. Épluchez l'ail et les oignons, émincez-les finement.

Dans un saladier, mettez les pois chiches, les poivrons, l'ail et les oignons. Ajoutez le basilic ciselé. Coupez les olives en morceaux et ajoutez-les également. Salez, poivrez et versez l'huile d'olive. Mélangez et servez.

PETITE VARIANTE

Ajoutez des anchois à l'huile coupés en petits morceaux.

POUR UN REPAS COMPLET

Servez ensuite un fromage ou un yaourt.

SALADE *de* LENTILLES *et de* CAROTTES

POUR 4 PERSONNES • PRÉPARATION : 15 MIN • CUISSON : 4 MIN

- *200 g de lentilles vertes cuites (tièdes)*
- *2 carottes*
- *quelques feuilles de salade verte (laitue, batavia)*
- *4 œufs de caille*
- *20 cerneaux de noix*
- *quelques brins de persil*

POUR LA VINAIGRETTE

- *1 c. à soupe de vinaigre de vin*
- *2 c. à café de moutarde*
- *2 c. à soupe d'huile d'arachide*
- *1 c. à soupe d'huile de noix*
- *sel et poivre*

CONSEIL
Vous pouvez remplacer les œufs de caille par 2 œufs de poule.

Épluchez les carottes, puis râpez-les sur une râpe à gros trous. Lavez et essorez la salade. Faites durcir les œufs de caille 4 min à l'eau bouillante, puis écalez-les. Coupez-les en deux.

Préparez la vinaigrette. Versez le vinaigre dans un saladier, salez et poivrez. Délayez avec la moutarde et émulsionnez avec les deux huiles.

Mettez dans le saladier les lentilles, les carottes, les œufs et la salade ciselée. Parsemez de noix et de persil, mélangez et servez.

POUR UN REPAS COMPLET

Accompagnez la salade de tranches de saumon fumé, ou bien incorporez-les directement après les avoir coupées en lanières.

SALADE *de* PÂTES *à la* BETTERAVE *et au* POIVRON

POUR 4 PERSONNES • PRÉPARATION : 20 MIN • CUISSON : 25 MIN

- *200 g de pâtes*
- *200 g de betteraves cuites*
- *1 gros poivron rouge*
- *1 oignon rouge*
- *1 gousse d'ail*
- *1 c. à soupe de basilic ciselé*

POUR LA VINAIGRETTE

- *3 c. à soupe d'huile d'olive*
- *1 c. à soupe de vinaigre de framboise*
- *sel et poivre*

Faites cuire les pâtes *al dente*. Égouttez-les, puis passez-les sous l'eau froide.

Coupez la betterave en fins bâtonnets, le poivron et l'oignon en lamelles. Émincez l'ail. Préparez la vinaigrette en mélangeant tous les ingrédients.

Faites poêler le poivron 15 min dans un peu d'huile. Quelques minutes avant la fin de cuisson, ajoutez l'ail.

Dans un saladier, mettez les pâtes, le poivron, l'oignon et la betterave. Arrosez de vinaigrette, mélangez et parsemez de basilic.

POUR UN REPAS COMPLET

Servez ensuite un plateau de fromages et du pain.

SALADE *de* BOULGOUR, COURGE RÔTIE *et* ROQUEFORT

POUR 4 PERSONNES • PRÉPARATION : 15 MIN • CUISSON : 15 MIN • REPOS : 1 H

- *120 g de boulgour*
- *500 g de courge butternut*
- *150 g de roquefort*
- *3 c. à soupe d'huile d'olive + 1 filet*
- *1 oignon rouge*
- *1 petite branche de céleri*
- *1 c. à soupe de cerfeuil ciselé*
- *1 c. à soupe de coriandre ciselée*
- *1 c. à soupe de feuilles de céleri ciselées*
- *le jus de 1 citron*
- *1 c. à soupe de vinaigre balsamique*
- *100 g de mâche*
- *2 c. à soupe de noisettes concassées*
- *sel et poivre*

Préchauffez le four à 200 °C. Pelez la courge et coupez-la en cubes. Mélangez-les avec 1 cuillerée à soupe d'huile, un peu de sel et de poivre, puis déposez-les sur une plaque recouverte de papier sulfurisé. Enfournez pour 15 min en les retournant à mi-cuisson.

Pelez et émincez l'oignon. Émincez la branche de céleri. Dans un grand saladier, mélangez-les avec les herbes. Arrosez de jus de citron et d'un filet d'huile. Versez le boulgour cru, mélangez, salez et poivrez. Laissez gonfler 1 h.

Mélangez l'huile restante avec le vinaigre, salez et poivrez. Mélangez le boulgour avec la mâche, la courge et les noisettes. Répartissez la salade dans des assiettes. Parsemez de roquefort émietté et arrosez de vinaigrette.

POUR UN REPAS COMPLET

Servez avec des tartines au fromage frais et dégustez une compote ou des fruits frais en dessert.

SALADE *de* BLÉ, AVOCAT *et* PAMPLEMOUSSE

POUR 4 À 6 PERSONNES • PRÉPARATION : 10 MIN • CUISSON : 10 MIN

- *300 g de blé précuit*
- *2 avocats*
- *2 pamplemousses roses*
- *le jus de 1 citron*
- *2 c. à soupe de fromage blanc*
- *4 c. à soupe d'huile d'olive*
- *quelques brins de coriandre*
- *sel et poivre*

Faites cuire le blé 10 min à l'eau bouillante salée. Égouttez.

Pelez les avocats et coupez-les en dés. Déposez-les dans un saladier et arrosez-les avec la moitié du jus de citron. Pelez les pamplemousses à vif et détachez les quartiers. Ajoutez-les dans le saladier ainsi que le blé.

Dans un bol, mélangez le reste de jus de citron avec du sel et du poivre. Ajoutez le fromage blanc et émulsionnez avec l'huile d'olive. Versez dans le saladier, mélangez et parsemez de coriandre ciselée.

POUR UN REPAS COMPLET

Servez ensuite un plateau de fromages et du pain.

TABOULÉ *de* LENTILLES VERTES *et de* CHOU-FLEUR *au* SAUMON

POUR 4 PERSONNES • PRÉPARATION : 10 MIN • CUISSON : 20 MIN

- *200 g de lentilles vertes*
- *1 chou-fleur*
- *200 g de saumon fumé*
- *le jus de 1 citron*
- *2 c. à soupe d'huile d'olive*
- *1 bouquet de ciboulette*
- *20 feuilles de menthe*
- *sel*

Faites cuire les lentilles 20 min dans un grand volume d'eau. Salez en fin de cuisson. Égouttez-les et rafraîchissez-les sous un filet d'eau froide.

Détaillez le chou-fleur en bouquets. Hachez-les au robot jusqu'à obtention d'une semoule fine. Plongez cette semoule dans de l'eau bouillante salée pour 3 min. Égouttez-la et rafraîchissez-la sous un filet d'eau froide.

PETITE VARIANTE
Remplacez le chou-fleur par de la semoule de blé.

Coupez le saumon en fines lanières. Dans un saladier, mélangez le chou-fleur et les lentilles. Ajoutez le jus de citron et l'huile ainsi que la ciboulette et la menthe ciselées. Mélangez encore. Déposez les lanières de saumon sur le dessus et servez.

POUR UN REPAS COMPLET

Servez ensuite un laitage et un fruit.

SALADE *de* RIZ COMPLET *au* CHOU ROUGE

POUR 4 PERSONNES • PRÉPARATION : 20 MIN • CUISSON : 20 MIN

- *120 g de riz complet*
- *1/2 chou rouge*
- *50 g de raisins secs blonds*
- *4 œufs*
- *100 g de comté*
- *2 pommes granny*
- *1 branche de céleri*

POUR LA SAUCE

- *2 petits fromages frais ail et fines herbes*
- *1 c. à soupe de moutarde à l'ancienne*
- *2 c. à soupe de vinaigre de vin*
- *1 yaourt*
- *sel et poivre*

CONSEIL
Parsemez la salade de quelques graines de courge ou de tournesol.

Faites tremper les raisins secs dans de l'eau chaude. Faites cuire le riz à l'eau bouillante salée. Égouttez-le.

Pendant ce temps, faites durcir les œufs 10 min à l'eau bouillante. Passez-les sous l'eau froide, écalez-les et écrasez-les à la fourchette.

Taillez le comté et les pommes en fins bâtonnets. Émincez le chou rouge et le céleri. Préparez la sauce en mélangeant tous les ingrédients.

Dans un saladier, réunissez le riz, le chou, le céleri, les pommes, le comté et les raisins. Parsemez d'œufs et servez avec la sauce.

POUR UN REPAS COMPLET

Servez ensuite un yaourt et une banane.

SALADE *de* PATATES DOUCES *au* QUINOA

POUR 4 PERSONNES • PRÉPARATION : 15 MIN • CUISSON : 15 MIN

- *500 g de patates douces*
- *120 g de quinoa*
- *3 c. à soupe d'huile d'olive*
- *2 avocats mûrs*
- *le jus de 1 citron*
- *16 tomates cerises*
- *1 poignée de noix de cajou*
- *100 g de jeunes pousses*
- *100 g de feta*
- *1 c. à soupe de vinaigre balsamique*
- *quelques brins de coriandre ciselée*
- *sel et poivre*

Préchauffez le four à 220 °C. Pelez les patates douces et coupez-les en rondelles. Mélangez-les avec 1 cuillerée à soupe d'huile, du sel et du poivre. Déposez les rondelles sur une plaque recouverte de papier sulfurisé et enfournez pour 15 min en les retournant à mi-cuisson.

Rincez le quinoa. Faites-le cuire dans 2 fois son volume d'eau bouillante salée. Égouttez et laissez refroidir.

Pelez les avocats et coupez-les en dés, arrosez-les de jus de citron. Coupez les tomates en deux. Concassez les noix de cajou.

Dans un saladier, réunissez le quinoa, les patates douces, les jeunes pousses, les avocats et les tomates. Mélangez l'huile restante avec le vinaigre, salez et poivrez. Versez cette sauce sur la salade et mélangez.

Répartissez la salade dans des assiettes creuses. Ajoutez la feta émiettée, les noix de cajou et parsemez de coriandre.

SALADE *de* HARICOTS BLANCS *aux* CAROTTES *et* HERBES

POUR 4 À 6 PERSONNES • PRÉPARATION : 15 MIN

- *500 g de haricots blancs en bocal*
- *3 carottes*
- *2 oignons nouveaux*
- *1 c. à soupe de persil ciselé*
- *1 c. à soupe de coriandre ciselée*
- *1 c. à soupe de câpres*

POUR LA VINAIGRETTE

- *1 c. à café de moutarde à l'ancienne*
- *1 c. à soupe de vinaigre de cidre*
- *2 c. à soupe d'huile d'olive*
- *sel et poivre*

Rincez les haricots blancs. Épluchez et râpez les carottes. Émincez les oignons nouveaux.

Préparez la vinaigrette en mélangeant tous les ingrédients.

Dans un saladier, réunissez les haricots blancs, les carottes, les herbes, les câpres et les oignons. Arrosez de vinaigrette, mélangez et servez.

POUR UN REPAS COMPLET

Servez en dessert une salade d'oranges, un ananas frais ou d'autres fruits ainsi qu'un laitage.

SOUPE *de* MAÏS *au* QUINOA

POUR 4 PERSONNES • PRÉPARATION : 10 MIN • CUISSON : 20 MIN

- *500 g de maïs en conserve*
- *100 g de quinoa*
- *1 poivron rouge*
- *2 grosses tomates*
- *1 oignon*
- *1 c. à soupe d'huile d'olive*
- *1/2 bouquet de persil*
- *sel*

Épépinez le poivron et les tomates, et coupez-les en petits dés. Pelez et hachez l'oignon.

Dans une cocotte, faites revenir l'oignon et le quinoa avec l'huile d'olive. Versez 50 cl d'eau, couvrez et portez à ébullition. Ajoutez le maïs, le poivron et les tomates. Salez, puis replacez le couvercle et laissez mijoter 15 min à feu doux.

Servez parsemé de persil.

POUR UN REPAS COMPLET

Servez ensuite une salade d'endives ou de roquette et un plateau de fromages.

MINESTRONE *à l'*ÉPEAUTRE

POUR 4 À 6 PERSONNES • PRÉPARATION : 20 MIN • CUISSON : 50 MIN ENVIRON

- *250 g d'épeautre*
- *2 pommes de terre moyennes*
- *1 grosse branche de céleri*
- *2 carottes*
- *1 courgette*
- *200 g de haricots verts*
- *1 oignon*
- *2 gousses d'ail*
- *3 c. à soupe d'huile d'olive*
- *2 c. à soupe de pistou*
- *80 g de parmesan râpé*
- *sel*

Mettez l'épeautre rincé dans une casserole avec 5 fois son volume d'eau froide. Salez, portez à ébullition et laissez cuire 30 min à feu moyen.

Pendant ce temps, pelez les pommes de terre, le céleri et les carottes. Coupez-les en petits cubes ainsi que la courgette. Équeutez les haricots, coupez-les en tronçons. Pelez et hachez l'oignon et l'ail.

Faites fondre l'ail et l'oignon 3 min à feu moyen dans une cocotte avec l'huile. Ajoutez le céleri, les carottes et les pommes de terre. Versez 2 l d'eau, salez. Portez à ébullition et laissez cuire 20 min à feu moyen.

Ajoutez l'épeautre égoutté, puis les haricots et la courgette. Laissez cuire encore 20 min à feu moyen. Hors du feu, ajoutez le pistou et mélangez. Servez bien chaud avec le parmesan râpé.

PETITE VARIANTE
Vous pouvez ajouter 100 g de petites pâtes en même temps que l'épeautre.

POUR UN REPAS COMPLET

Servez ensuite du fromage blanc avec un peu de confiture.

SOUPE COMPLÈTE *aux* LÉGUMES *et* CÉRÉALES

POUR 4 PERSONNES • PRÉPARATION : 15 MIN • CUISSON : 35 MIN

- *100 g de riz complet*
- *50 g de sarrasin grillé (kasha)*
- *50 g de lentilles vertes*
- *3 carottes*
- *1 poireau*
- *1 navet*
- *1 courgette*
- *1 gousse d'ail*
- *2 c. à soupe d'huile d'olive*
- *1 c. à café de paprika*
- *sel*

Épluchez les légumes et coupez-les en rondelles. Pelez l'ail. Dans une grande casserole, faites revenir rapidement les légumes dans l'huile avec 2 pincées de sel, puis versez 2 l d'eau. Ajoutez l'ail, le paprika, portez à ébullition, puis baissez le feu. Faites cuire 15 min à petits bouillons.

Ajoutez le riz, le sarrasin et les lentilles, et poursuivez la cuisson pendant 15 à 20 min. Tous les ingrédients doivent être moelleux. Rectifiez l'assaisonnement si nécessaire.

POUR UN REPAS COMPLET

Servez ensuite un plateau de fromages et des fruits frais.

SOUPE *de* LENTILLES *au* TOFU FUMÉ

POUR 6 PERSONNES • PRÉPARATION : 10 MIN • CUISSON : 30 MIN

- *200 g de lentilles vertes*
- *200 g de tofu fumé*
- *3 c. à soupe d'huile d'olive*
- *1 oignon*
- *20 cl de lait de coco*
- *sel*

Taillez le tofu en cubes et faites-les revenir dans une poêle avec 1 cuillerée à soupe d'huile.

Pelez et émincez l'oignon. Faites-le revenir dans le reste d'huile à feu moyen, puis ajoutez les lentilles en remuant avec une cuillère en bois. Versez 50 cl d'eau et le lait de coco. Laissez cuire 30 min à feu doux.

Mixez finement, puis rectifiez l'assaisonnement. Versez la soupe dans des bols et ajoutez les cubes de tofu.

POUR UN REPAS COMPLET

Servez ensuite une salade d'oranges ou une compote.

SOUPE INDIENNE ÉPICÉE *aux* LENTILLES CORAIL

POUR 4 PERSONNES • PRÉPARATION : 20 MIN • CUISSON : 40 MIN

- *200 g de lentilles corail*
- *1 c. à café de graines de moutarde noire*
- *1 c. à soupe d'huile d'olive*
- *1 oignon*
- *1 gousse d'ail*
- *2 cm de gingembre frais*
- *2 tomates*
- *1 c. à café de graines de cumin*
- *1 c. à café de curcuma*
- *1 c. à café de coriandre en poudre*
- *1/2 bouquet de coriandre*
- *sel*

Dans une cocotte, faites éclater les graines de moutarde dans l'huile. Pelez et émincez l'oignon. Épluchez et pressez l'ail. Pelez et râpez le gingembre. Ajoutez-les dans la cocotte. Laissez cuire 5 min à feu doux.

Coupez les tomates en dés. Ajoutez-les, ainsi que les épices, dans la cocotte. Salez. Laissez cuire 10 min.

Mettez les lentilles corail dans la cocotte avec 70 cl d'eau. Faites cuire environ 25 min. Servez la soupe très chaude, parsemée de coriandre ciselée.

POUR UN REPAS COMPLET

Servez cette soupe avec un riz basmati. Terminez par un dessert riche en vitamine C, comme une salade orange-kiwi.

SOUPE THAÏE

POUR 4 PERSONNES • PRÉPARATION : 15 MIN • CUISSON : 15 MIN

- *100 g de vermicelles de riz*
- *1 grosse carotte*
- *150 g de haricots verts surgelés*
- *100 g de petits pois surgelés*
- *2 bâtons de citronnelle*
- *2 cm de gingembre frais*
- *40 cl de lait de coco*
- *1 c. à soupe de curry en poudre*
- *4 petites cébettes (en épicerie asiatique) ou 3 oignons nouveaux*
- *1 piment rouge*
- *le jus de 1 citron vert*
- *2 c. à soupe de coriandre ciselée*
- *sel*

Faites tremper les vermicelles 10 min dans de l'eau chaude, égouttez-les et passez-les sous l'eau froide. Coupez la carotte en bâtonnets. Faites cuire les haricots verts, les petits pois et la carotte 7 min à la vapeur. Ils doivent être croquants.

Émincez finement la citronnelle. Détaillez le gingembre en bâtonnets.

Dans une casserole, versez le lait de coco et le curry. Ajoutez la citronnelle et le gingembre. Portez à ébullition, puis laissez cuire 10 min à feu doux. Salez.

Émincez les cébettes, coupez le piment en fines rondelles.

Répartissez dans des bols les vermicelles et les légumes, versez dessus le bouillon. Ajoutez les cébettes, quelques rondelles de piment, arrosez de jus de citron vert et parsemez de coriandre ciselée.

POUR UN REPAS COMPLET

Servez ensuite un plateau de fromages et du pain.

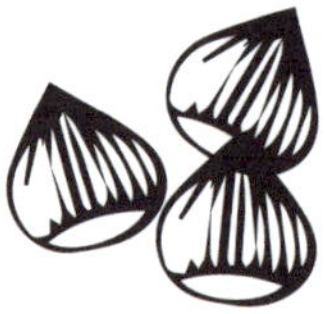

CRÈME *de* POTIMARRON *aux* CHÂTAIGNES

POUR 4 PERSONNES • PRÉPARATION : 20 MIN • CUISSON : 40 MIN

- *600 g de potimarron*
- *150 g de châtaignes cuites (en bocal ou sous vide)*
- *2 carottes*
- *1 poireau*
- *1 c. à soupe d'huile d'olive*
- *sel et poivre*

Pelez le potimarron, puis détaillez-le en cubes. Pelez les carottes et coupez-les en rondelles. Épluchez le poireau, puis émincez-le finement.

Faites suer le poireau dans une casserole avec l'huile. Ajoutez le potimarron et les carottes, salez, poivrez, recouvrez d'eau et portez à ébullition. Baissez le feu et laissez cuire 20 min.

Incorporez les châtaignes (gardez-en quelques-unes pour la décoration) et poursuivez la cuisson 15 min, jusqu'à ce que les légumes soient bien tendres. Mixez.

Répartissez le velouté dans des assiettes et décorez avec les châtaignes réservées.

PETITE VARIANTE
Réalisez cette recette avec du potiron, et mixez les légumes avec 10 cl de crème liquide.

POUR UN REPAS COMPLET
Servez ensuite un plateau de fromages et une salade verte.

SOUPE *à l'*OIGNON *et aux* TOMATES

POUR 4 À 6 PERSONNES • PRÉPARATION : 25 MIN • CUISSON : 45 MIN

- *1 kg d'oignons*
- *800 g de tomates*
- *2 c. à soupe d'huile d'olive*
- *1 c. à café de ras el-hanout*
- *1 c. à café de cumin en poudre*
- *1 cube de bouillon de volaille*
- *1 petite boîte de pois chiches*
- *200 g de petits pois écossés, frais ou surgelés*
- *sel et poivre*

Pelez et émincez les oignons. Plongez les tomates quelques secondes dans de l'eau bouillante, rafraîchissez-les, puis pelez-les et coupez-les en morceaux.

Chauffez l'huile dans une grande casserole et faites-y suer les oignons 2 ou 3 min en remuant. Ajoutez le ras el-hanout et le cumin, puis incorporez les tomates. Émiettez le cube de bouillon au-dessus de la casserole, salez, poivrez et versez 1,2 l d'eau. Portez à ébullition, puis baissez le feu et laissez mijoter 30 min.

Ajoutez les pois chiches égouttés et les petits pois. Remuez et laissez cuire encore 10 min à petit feu.

CONSEIL
Si vous aimez le sucré-salé, ajoutez quelques raisins secs au moment de servir.

POUR UN REPAS COMPLET

Dégustez ensuite du fromage ou une salade banane-orange.

SOUPE *de* PATATES DOUCES *au* LAIT DE COCO

POUR 4 PERSONNES • PRÉPARATION : 10 MIN • CUISSON : 25 MIN

- *800 g de patates douces*
- *25 cl de lait de coco*
- *1 oignon*
- *1 c. à soupe d'huile d'olive*
- *2 cm de gingembre frais*
- *1/2 bouquet de coriandre*
- *sel*

Pelez et émincez l'oignon. Faites-le revenir avec l'huile dans une casserole. Épluchez et râpez le gingembre. Ajoutez-le dans la casserole.

Pelez les patates douces, coupez-les en gros morceaux et mettez-les dans la casserole. Versez 50 cl d'eau et le lait de coco. Salez et laissez cuire 20 min.

Mixez la soupe finement, parsemez de coriandre ciselée et servez aussitôt dans des bols.

POUR UN REPAS COMPLET

Servez ensuite une omelette.

BOUILLON PRINTANIER *aux* RAVIOLES

POUR 4 PERSONNES • PRÉPARATION : 10 MIN • CUISSON : 10 MIN

- *2 plaques de ravioles de Romans*
- *1 carotte*
- *100 g de haricots verts frais ou surgelés*
- *1 branche de céleri*
- *100 g de petits pois écossés, frais ou surgelés*
- *1 cube de bouillon de légumes*
- *1 c. à soupe d'huile d'olive*

Portez 1,5 l d'eau à ébullition dans une casserole avec le cube de bouillon.

Épluchez la carotte et détaillez-la en bâtonnets. Équeutez les haricots et coupez-les en tronçons de 2 cm de long ; s'ils sont surgelés, cassez-les en morceaux. Détaillez le céleri en grosses rondelles (réservez les feuilles).

Dans une cocotte, faites chauffer l'huile, puis ajoutez tous les légumes. Laissez-les revenir pendant 5 minutes. Versez le bouillon. Dès qu'il frémit, ajoutez les ravioles et laissez cuire jusqu'à ce que celles-ci remontent à la surface. Parsemez de feuilles de céleri ciselées et servez aussitôt.

POUR UN REPAS COMPLET

Servez ensuite des œufs à la coque et des mouillettes.

SOUPE *à la* TOMATE *et au* SARRASIN

POUR 4 PERSONNES • PRÉPARATION : 20 MIN • CUISSON : 25 MIN • REPOS : 20 MIN

- *350 g de tomates cerises*
- *160 g de sarrasin décortiqué*
- *1 pomme de terre*
- *2 blancs de poireau*
- *2 carottes*
- *1 oignon*
- *10 g de beurre*
- *2 c. à café de concentré de tomate*
- *2 c. à soupe de crème fraîche épaisse*
- *1 c. à soupe de basilic ciselé*
- *1 pincée de piment d'Espelette*
- *sel et poivre*

Coupez les tomates en deux, la pomme de terre en morceaux, les poireaux et les carottes en rondelles. Pelez et émincez l'oignon.

Faites revenir l'oignon dans une casserole avec le beurre. Ajoutez les poireaux et faites cuire 3 min. Ajoutez les tomates, la pomme de terre, les carottes et le concentré de tomate. Couvrez d'eau, salez et poivrez. Faites cuire 20 min.

Pendant ce temps, faites cuire le sarrasin 5 min dans 30 cl d'eau bouillante salée. Laissez gonfler hors du feu et à couvert pendant 20 min.

Mixez les légumes, puis ajoutez la crème fraîche et mélangez. Répartissez le sarrasin dans des bols, versez la soupe et parsemez de basilic et de piment.

POUR UN REPAS COMPLET

Servez ensuite un plateau de fromages et du pain.
Terminez le repas avec un fruit.

GRATIN *aux* QUATRE LÉGUMES

POUR 4 PERSONNES • PRÉPARATION : 15 MIN • CUISSON : 30 MIN

- *6 pommes de terre*
- *4 grosses carottes*
- *4 endives*
- *200 g de petits pois écossés frais ou surgelés*
- *50 cl de crème de soja*
- *2 c. à soupe de moutarde à l'ancienne*
- *140 g de fromage râpé*
- *2 gousses d'ail*
- *sel et poivre*

Préchauffez le four à 200 °C. Épluchez les pommes de terre et les carottes. Coupez-les en fines rondelles. Émincez les endives. Faites cuire les carottes, les pommes de terre et les petits pois pendant 10 min à l'eau bouillante salée, puis égouttez-les.

Mélangez la crème de soja avec la moutarde et le fromage, salez et poivrez.

Frottez un plat à gratin avec la gousse d'ail et huilez-le. Disposez les légumes cuits et les endives dans le plat. Nappez de crème à la moutarde. Enfournez pour 20 min environ.

POUR UN REPAS COMPLET

Dégustez avec une salade verte et servez des fruits en dessert.

GRATIN *de* BROCOLI *au* TOFU

POUR 4 À 6 PERSONNES • PRÉPARATION : 15 MIN • CUISSON : 25 MIN

- *1 kg de brocoli en fleurettes*
- *400 g de tofu nature*
- *1 c. à soupe de moutarde*
- *le jus de 1 citron*
- *3 c. à soupe d'huile d'olive*
- *1 c. à soupe de sauce soja*
- *mélange 5 baies*
- *60 g d'emmental râpé*

Préchauffez le four à 180 °C. Faites cuire les fleurettes de brocoli 5 min à l'eau bouillante salée. Égouttez le tofu, coupez-en 250 g en tranches et émiettez le reste.

Préparez la sauce. Mixez le tofu émietté avec la moutarde, le jus de citron, l'huile et la sauce soja. Saupoudrez de mélange 5 baies et remuez.

Disposez les tranches de tofu et les brocolis dans un plat à gratin huilé. Nappez de sauce, parsemez d'emmental et faites gratiner 20 min.

PETITE VARIANTE
Remplacez le brocoli par des courgettes coupées en rondelles.

POUR UN REPAS COMPLET

Servez ensuite un taboulé sucré ou une petite portion de riz au lait.

GRATIN *de* BLETTES TOUT SIMPLE

POUR 4 PERSONNES • PRÉPARATION : 15 MIN • CUISSON : 45 MIN

- *1 kg de côtes de blettes*
- *30 cl de bouillon de légumes*
- *80 g de beurre*
- *2 œufs*
- *50 g d'emmental râpé*
- *sel et poivre*

Faites réduire le bouillon à feu vif pour n'en conserver que 3 ou 4 cuillerées à soupe.

Épluchez les côtes de blettes délicatement et coupez-les en tronçons de 5 à 6 cm de long. Cassez-les d'abord en retirant au fur et à mesure les fils qui dépassent, puis égalisez les extrémités au couteau. Faites cuire 25 min à l'eau bouillante salée, puis égouttez.

Préchauffez le four à 190 °C. Faites revenir les blettes avec le beurre environ 10 min à feu moyen. Incorporez le bouillon et rectifiez l'assaisonnement. Versez dans un plat à gratin.

Battez les œufs, salez et poivrez légèrement. Versez sur les blettes, parsemez de fromage et faites gratiner 10 min au four. Servez aussitôt.

POUR UN REPAS COMPLET

Servez ensuite un plateau de fromages et du bon pain.

GRATIN *de* POIREAUX *aux* RAVIOLES

POUR 4 PERSONNES • PRÉPARATION : 10 MIN • CUISSON : 20 MIN

- *4 poireaux*
- *6 plaques de ravioles de Romans*
- *noix de muscade*
- *30 cl de crème liquide*
- *40 g de comté râpé*
- *sel et poivre*

À SAVOIR
Les ravioles de Romans sont fourrées au fromage et au persil.

Préchauffez le four à 180 °C. Coupez les poireaux en rondelles. Faites-les blanchir 3 min à l'eau bouillante, puis égouttez-les.

Déposez 3 plaques de ravioles dans le fond d'un plat à gratin huilé, puis recouvrez des poireaux. Salez, poivrez, parsemez de noix de muscade, puis arrosez avec les trois quarts de la crème. Déposez par-dessus les plaques de ravioles restantes.

Mélangez le reste de crème avec le comté et recouvrez-en le gratin. Enfournez pour 15 min, jusqu'à ce que le gratin soit bien doré. Servez aussitôt.

POUR UN REPAS COMPLET

Servez ensuite des pommes au four qui auront cuit en même temps que le gratin, ou bien proposez un fruit frais, par exemple un ananas coupé en cubes.

GRATIN *de* COURGE BUTTERNUT

POUR 4 PERSONNES • PRÉPARATION : 15 MIN • CUISSON : 25 MIN

- *800 g de courge butternut*
- *2 œufs*
- *75 g de comté râpé*
- *2 c. à soupe de chapelure*
- *2 gousses d'ail*
- *1 c. à soupe de coriandre ciselée*
- *sel et poivre*

Pelez et coupez la courge en cubes. Faites-les cuire environ 10 min à l'eau bouillante salée, jusqu'à ce que les morceaux soient tendres.

Préchauffez le four à 200 °C. Écrasez la courge à la fourchette. Incorporez les œufs battus, le comté et la chapelure. Ajoutez les gousses d'ail pressées et la coriandre, salez et poivrez, mélangez bien.

Répartissez la purée dans un plat à gratin huilé. Faites gratiner 15 min.

POUR UN REPAS COMPLET

Accompagnez ce gratin de ravioles du Dauphiné et servez un laitage en dessert.

GRATIN *de* QUINOA *à la* COURGE *et à la* FETA

POUR 4 PERSONNES • PRÉPARATION : 15 MIN • CUISSON : 30 MIN

- *125 g de quinoa*
- *1 kg de courge butternut*
- *180 g de feta*
- *50 g d'amandes mondées*
- *persil ciselé*
- *sel et poivre*

Préchauffez le four à 200 °C. Faites cuire la courge coupée en cubes 20 min dans une casserole d'eau bouillante salée. Faites cuire le quinoa selon les indications portées sur le paquet. Égouttez-le.

Disposez la courge, le quinoa et les amandes concassées dans un plat à gratin huilé. Émiettez la feta par-dessus, poivrez et faites gratiner 10 min. Parsemez de persil ciselé et servez.

POUR UN REPAS COMPLET

Servez ensuite une salade verte et des fruits frais.

FLAN *de* COURGETTES

POUR 4 PERSONNES • PRÉPARATION : 15 MIN • CUISSON : 50 MIN

- *400 g de courgettes*
- *2 échalotes*
- *1 gousse d'ail*
- *4 c. à soupe d'huile d'olive*
- *5 œufs*
- *25 cl de crème fraîche épaisse*
- *6 brins de thym frais*
- *100 g de parmesan râpé*
- *30 g de beurre*
- *sel et poivre*

Préchauffez le four à 180 °C. Détaillez les courgettes en petits dés. Pelez les échalotes et hachez-les finement. Pelez et écrasez la gousse d'ail.

Faites chauffer l'huile dans une grande poêle à feu doux. Faites-y revenir les échalotes, l'ail et les courgettes. Salez, poivrez et faites cuire 5 min, en remuant régulièrement. Laissez refroidir.

Fouettez les œufs et la crème jusqu'à ce que le mélange soit bien onctueux, puis incorporez les courgettes et le thym effeuillé. Versez dans un plat à gratin beurré et enfournez pour 40 min.

Sortez le flan du four, parsemez de parmesan et de beurre coupé en dés. Faites gratiner 3 ou 4 min sous le gril du four.

CONSEIL

Attention à ne pas trop cuire votre flan pour qu'il reste bien moelleux. Vérifiez la cuisson à l'aide de la pointe d'un couteau. Ce flan peut être préparé à l'avance et conservé au frais sous un film alimentaire.

TIAN *de* LÉGUMES *au* RIZ

POUR 4 PERSONNES • PRÉPARATION : 20 MIN • CUISSON : 40 MIN

- *1 grosse courgette*
- *3 tomates*
- *2 aubergines*
- *1 oignon rouge*
- *70 g de riz basmati*
- *250 g de mozzarella*
- *huile d'olive*
- *1 c. à soupe d'herbes de Provence*
- *sel et poivre*

Préchauffez le four à 180 °C. Faites cuire le riz 10 min environ à l'eau bouillante salée. Égouttez-le.

Coupez les légumes et la mozzarella en très fines rondelles. Dans un plat à gratin huilé, déposez le riz, puis disposez dessus les rondelles de légumes et de fromage en les faisant se chevaucher. Arrosez d'un filet d'huile et saupoudrez d'herbes de Provence, salez et poivrez. Enfournez pour environ 30 min.

POUR UN REPAS COMPLET

Servez avec des œufs sur le plat.

CANNELLONIS *au* POTIRON *et à la* SAUGE

POUR 6 PERSONNES • PRÉPARATION : 20 MIN • CUISSON : 30 MIN

- *12 feuilles de lasagne*
- *1 kg de potiron*
- *2 brins de sauge*
- *2 oignons rouges*
- *3 c. à soupe d'huile d'olive*
- *10 cl de crème liquide*
- *100 g de parmesan râpé*
- *250 g de ricotta*
- *150 g de fromage frais*
- *sel et poivre*

Pelez le potiron et coupez-le en petits dés. Hachez les oignons et faites-les revenir 5 min avec l'huile chaude dans une sauteuse. Ajoutez le potiron et laissez cuire 15 min.

Faites cuire les lasagnes 3 min à l'eau bouillante salée. Réservez sur du papier absorbant.

Mixez 4 cuillerées à soupe de potiron avec la crème. Salez et poivrez. Mélangez la moitié du parmesan avec le reste du potiron, la sauge ciselée, la ricotta et le fromage frais. Rectifiez l'assaisonnement si besoin. Préchauffez le four à 200 °C.

Garnissez les feuilles de lasagne de farce à la ricotta, puis roulez-les sur elles-mêmes. Déposez-les dans un plat à gratin huilé et versez la crème au potiron par-dessus. Parsemez le parmesan restant et enfournez pour 10 min.

POUR UN REPAS COMPLET

Accompagnez ces cannellonis d'une salade verte.

CANNELLONIS *à la* RICOTTA *et aux* ÉPINARDS

POUR 6 PERSONNES • PRÉPARATION : 15 MIN • CUISSON : 25 MIN

- *20 cannellonis crus*
- *300 g de ricotta*
- *350 g de pousses d'épinards*
- *huile d'olive*
- *2 jaunes d'œufs*
- *200 g de parmesan râpé*
- *350 g de sauce tomate*
- *sel et poivre*

PETITE VARIANTE
Ajoutez un peu de noix de muscade râpée dans la farce.

Préchauffez le four à 180 °C. Faites revenir les pousses d'épinards 5 min dans une poêle avec un peu d'huile. Hachez-les finement au couteau.

Mélangez les épinards avec la ricotta et les jaunes d'œufs. Salez et poivrez. Incorporez la moitié du parmesan pour obtenir une farce, puis garnissez-en les cannellonis.

Étalez 2 cuillerées à soupe de sauce tomate dans un plat à gratin huilé et déposez les cannellonis par-dessus. Versez le reste de la sauce tomate et saupoudrez du parmesan restant. Faites gratiner 20 min.

POUR UN REPAS COMPLET

Dégustez avec une salade verte et servz ensuite une compote ou un fruit frais.

GRATIN *de* CHOU-FLEUR *et de* BOULGOUR *à la* MIMOLETTE

POUR 4 PERSONNES • PRÉPARATION : 15 MIN • CUISSON : 30 MIN

- *1 petit chou-fleur*
- *160 g de boulgour*
- *100 g de mimolette râpée*
- *50 g de fécule de maïs*
- *1 l de lait*
- *1/2 c. à café de noix de muscade râpée*
- *sel et poivre*

Séparez les bouquets de chou-fleur et faites-les cuire 15 min à l'eau bouillante salée.

Pendant ce temps, faites cuire le boulgour dans 2 fois son volume d'eau. Quand l'eau est absorbée, retirez du feu et couvrez.

Préchauffez le four à 180 °C. Diluez la fécule dans un peu de lait. Faites tiédir le reste du lait dans une casserole, puis versez-y la fécule. Laissez épaissir quelques minutes à feu doux tout en fouettant. Hors du feu, ajoutez la noix de muscade, salez et poivrez.

Déposez le boulgour dans un plat à gratin. Recouvrez-le de chou-fleur, nappez de sauce et parsemez de mimolette. Enfournez pour 15 à 20 min.

POUR UN REPAS COMPLET

Dégustez avec une salade verte et servez un fruit en dessert.

PÂTES au GORGONZOLA et TARTARE de TOMATES

POUR 4 PERSONNES • PRÉPARATION : 15 MIN • CUISSON : 20 MIN

- *600 g de penne*
- *200 g de gorgonzola*
- *2 tomates*
- *40 g de pignons de pin*
- *3 c. à soupe de basilic ciselé*
- *huile d'olive*
- *25 g de beurre*
- *25 cl de crème fraîche épaisse*
- *sel et poivre*

Faites cuire les pâtes *al dente* à l'eau bouillante salée. Faites griller les pignons de pin à sec dans une poêle chaude.

Coupez les tomates en tout petits dés. Salez, poivrez, ajoutez le basilic et un filet d'huile. Mélangez et réservez. Détaillez le fromage en dés.

Faites fondre le beurre dans une casserole. Ajoutez-y le fromage et remuez à la cuillère en bois jusqu'à ce qu'il soit fondu. Incorporez petit à petit la crème. Versez cette sauce sur les pâtes égouttées et laissez chauffer quelques minutes à feu doux.

Répartissez les pâtes dans des assiettes creuses, surmontez de tartare de tomates et parsemez de quelques pignons de pin.

POUR UN REPAS COMPLET

Servez ensuite une salade de fruits.

GRATIN *de* GNOCCHI *à la* SAUCE TOMATE

POUR 4 PERSONNES • PRÉPARATION : 15 MIN • CUISSON : 45 MIN

- *800 g de gnocchi*
- *600 g de tomates concassées en conserve*
- *1 oignon*
- *1 gousse d'ail*
- *2 c. à soupe d'huile d'olive*
- *1 c. à soupe de concentré de tomate*
- *1 c. à soupe de basilic haché*
- *1 c. à soupe de feuilles de thym*
- *2 feuilles de laurier*
- *1 pincée de sucre*
- *2 c. à soupe de parmesan râpé*
- *250 g de mozzarella*
- *sel et poivre*

Pelez et émincez l'oignon et l'ail. Faites-les revenir 5 min dans une casserole avec l'huile. Ajoutez les tomates et le concentré, puis le basilic, le thym et le laurier. Salez, poivrez et sucrez. Laissez mijoter 30 min à feu doux.

Préchauffez le four à 200 °C. Faites cuire les gnocchi à l'eau bouillante salée jusqu'à ce qu'ils remontent à la surface. Égouttez-les.

Dans un plat à gratin, étalez 2 cuillerées de sauce tomate, puis déposez la moitié des gnocchi. Recouvrez de sauce tomate et parsemez de parmesan. Renouvelez l'opération. Recouvrez le dessus de morceaux de mozzarella. Faites gratiner environ 10 min.

POUR UN REPAS COMPLET

Servez ensuite une salade de roquette et un fruit frais.

TAGLIOLINI *aux* FÈVES *et à la* MOZZARELLA

POUR 4 PERSONNES • PRÉPARATION : 15 MIN • CUISSON : 8 MIN

- *300 g de tagliolini à la tomate ou nature*
- *400 g de fèves pelées surgelées*
- *1 boule de mozzarella*
- *75 g de pignons de pin*
- *3 c. à soupe d'huile d'olive*
- *sel et poivre*

PETITE VARIANTE
À la place des pignons, vous pouvez utiliser des amandes effilées ou des graines de tournesol.

Faites cuire les fèves 15 min à l'eau bouillante salée.

Faites cuire les pâtes *al dente* dans un grand volume d'eau bouillante salée. Égouttez-les.

Faites griller à sec les pignons dans une poêle.

Arrosez les pâtes d'huile. Salez, poivrez, puis ajoutez les fèves et la mozzarella coupée en quatre. Parsemez de pignons grillés et servez.

POUR UN REPAS COMPLET

Servez ce plat avec une salade de crudités et un fruit.

ONE POT PASTA *aux* LÉGUMES

POUR 4 PERSONNES • PRÉPARATION : 10 MIN • CUISSON : 15 MIN

- *250 g de linguine complètes*
- *1 petite courgette*
- *1 petit oignon*
- *2 gousses d'ail*
- *200 g de tomates cerises*
- *4 branches de basilic*
- *1/2 ou 1 petit piment rouge*
- *4 ou 5 c. à soupe d'huile d'olive*
- *1 cube de bouillon de légumes*
- *40 g de parmesan*
- *sel et poivre*

PETITE VARIANTE
Remplacez le basilic par de la coriandre ou de la ciboulette, ou ajoutez du poivron.

Coupez la courgette en rondelles. Pelez et émincez l'oignon et l'ail. Coupez les tomates cerises en deux.

Mettez les pâtes, les légumes, le basilic effeuillé, le piment et l'huile dans une casserole. Émiettez dessus le cube de bouillon et versez 60 cl d'eau. Laissez cuire 15 min à feu moyen et à découvert, en remuant régulièrement. Rectifiez l'assaisonnement.

Parsemez de copeaux de parmesan, puis mélangez. Répartissez les pâtes dans des assiettes creuses et dégustez chaud.

POUR UN REPAS COMPLET

Servez ensuite du fromage blanc avec un peu de confiture.

FARFALLES *aux* PETITS POIS *et aux* CÂPRES

POUR 4 PERSONNES • PRÉPARATION : 10 MIN • CUISSON : 8 À 10 MIN

- *400 g de farfalles*
- *150 g de petits pois surgelés*
- *2 c. à café de câpres*
- *1 boule de mozzarella*
- *3 brins de basilic*
- *huile d'olive*
- *sel et poivre*

Faites cuire les pâtes à l'eau bouillante salée en suivant les indications de l'emballage et en ajoutant en fin de cuisson les petits pois surgelés pour qu'ils décongèlent et cuisent en même temps que les pâtes.

Coupez la mozzarella en dés. Détaillez les câpres en petits morceaux.

Égouttez les pâtes et les petits pois, ajoutez la mozzarella, les câpres et le basilic ciselé. Poivrez et arrosez d'huile au moment de servir.

POUR UN REPAS COMPLET

Servez ensuite un flan à la vanille ou un yaourt.

SPAGHETTIS *à l'*AIL *et à l'*HUILE

POUR 4 PERSONNES • PRÉPARATION : 10 MIN • CUISSON : 15 MIN

- *250 g de spaghettis*
- *2 ou 3 gousses d'ail*
- *10 cl d'huile d'olive + 1 c. à soupe*
- *2 branches de persil*
- *4 piments rouges (facultatif)*
- *sel et poivre*

CONSEIL
Il faut manger ces spaghettis très chauds. Idéalement, faites chauffer les assiettes avant de servir.

Faites cuire les pâtes *al dente* à l'eau bouillante salée avec la cuillerée à soupe d'huile.

Pendant ce temps, pelez et écrasez l'ail. Hachez le persil. Fendez éventuellement les piments en deux, épépinez-les, puis hachez-les.

Mettez à chauffer l'huile d'olive dans une sauteuse et faites-y revenir l'ail, le persil et les piments. Salez et poivrez.

Égouttez les spaghettis. Versez-les dans la sauteuse et mélangez pour les imprégner de sauce. Servez aussitôt.

POUR UN REPAS COMPLET

Servez ensuite une salade de tomates et un laitage.

DAHL *de* LENTILLES INDIEN

POUR 4 PERSONNES • PRÉPARATION : 15 MIN • CUISSON : 30 MIN

- *250 g de lentilles corail*
- *2 tomates*
- *1 oignon*
- *1 gousse d'ail*
- *huile d'olive*
- *1 c. à soupe de curcuma*
- *1 c. à café de cannelle*
- *1 c. à café de gingembre en poudre*
- *1 c. à café de graines de cumin*
- *1/2 c. à café de cumin en poudre*
- *1/2 c. à café de paprika doux*
- *1 pincée de piment fort*
- *20 cl de lait de coco*
- *30 g de noix de coco râpée*
- *1 courgette*
- *1 c. à soupe de coriandre ciselée*
- *sel et poivre*

Faites cuire les lentilles corail pendant 10 min à l'eau bouillante salée. Égouttez-les.

Coupez les tomates en petits dés. Émincez l'oignon. Écrasez l'ail. Faites revenir l'oignon et l'ail 5 min avec un peu d'huile dans une casserole. Ajoutez les tomates et laissez cuire 5 min. Versez un peu d'eau et ajoutez les épices. Remuez, puis incorporez les lentilles, le lait et la noix de coco. Salez et poivrez. Laissez mijoter 10 min à feu doux.

Pendant ce temps, coupez la courgette en dés et faites-la poêler 5 min à feu vif dans de l'huile. Ajoutez-la dans les lentilles et parsemez de coriandre.

POUR UN REPAS COMPLET

Servez ensuite un laitage et un fruit.

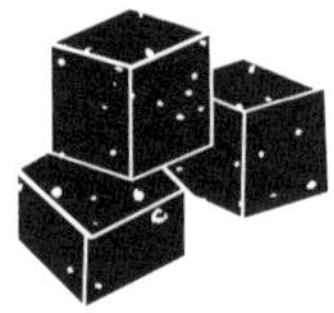

COUSCOUS *de* LÉGUMES *au* TOFU FUMÉ

POUR 4 À 6 PERSONNES • PRÉPARATION : 20 MIN • CUISSON : 20 MIN

- *400 g de semoule de blé*
- *300 g de tofu fumé*
- *2 carottes*
- *1 oignon*
- *3 pommes de terre*
- *2 courgettes*
- *1 c. à café de ras el-hanout*
- *200 g de pois chiches en conserve*
- *4 c. à soupe d'huile d'olive*
- *sel*

Épluchez les carottes, l'oignon, les pommes de terre et les courgettes. Coupez tous les légumes en gros morceaux. Faites chauffer 1 l d'eau dans une grande casserole et ajoutez-y le ras el-hanout et du sel. À ébullition, ajoutez les légumes et faites cuire 15 min.

Coupez le tofu en gros cubes et ajoutez-le aux légumes avec les pois chiches égouttés. Poursuivez la cuisson 5 min.

Versez la semoule dans un saladier et ajoutez le même volume d'eau bouillante avec l'huile et un peu de sel. Couvrez avec une assiette. Au bout de 5 min, égrainez la semoule avec une fourchette. Servez aussitôt la semoule avec les légumes et le bouillon.

POUR UN REPAS COMPLET

Servez ensuite une salade de fruits ou une compote.

CURRY *de* POIS CHICHES *aux* ÉPINARDS

POUR 4 PERSONNES • PRÉPARATION : 10 MIN • CUISSON : 15 MIN ENVIRON

- *400 g de pois chiches en conserve*
- *150 g d'épinards frais*
- *2 oignons*
- *2 gousses d'ail*
- *2 c. à soupe d'huile de tournesol*
- *1 c. à soupe de pâte de curry (ou de garam masala)*
- *200 g de coulis de tomate*
- *1/2 bouquet de menthe (ou de coriandre)*
- *20 cl de yaourt nature grec*
- *sel et poivre*

Pelez et émincez les oignons et l'ail. Faites-les revenir 2 min avec l'huile dans une sauteuse. Ajoutez les pois chiches rincés et égouttés, le curry et le coulis de tomate. Couvrez et laissez cuire 10 min à feu moyen.

Ajoutez les épinards, salez et poivrez, puis remettez le couvercle. Laissez cuire 5 min de plus.

Mélangez la menthe hachée avec le yaourt. Servez avec le curry.

POUR UN REPAS COMPLET

Servez avec des naans ou du pain pita (tous deux disponibles au rayon « pain tranché » des supermarchés), ou encore avec du riz complet.

COCOTTE *d'*AUBERGINES *aux* POIS CHICHES

POUR 4 PERSONNES • PRÉPARATION : 15 MIN • CUISSON : 30 MIN

- *2 grosses aubergines*
- *400 g de pois chiches en conserve*
- *1 petit oignon*
- *2 gousses d'ail*
- *1 c. à café de thym frais*
- *huile d'olive*
- *2 c. à soupe de vinaigre de vin*
- *2 c. à soupe de sucre*
- *400 g de tomates concassées*
- *2 c. à soupe de persil ciselé*
- *sel et poivre*

Coupez les aubergines en dés. Pelez et hachez l'oignon et l'ail.

Dans une cocotte, faites cuire les aubergines et le thym avec de l'huile pendant 5 min à feu vif. Ajoutez l'oignon et l'ail. Laissez cuire 3 min.

Versez le vinaigre et remuez avec une cuillère en bois pour décoller les sucs de cuisson.

Ajoutez le sucre, les tomates, les pois chiches égouttés et rincés. Laissez mijoter 15 à 20 min à couvert, jusqu'à ce que les aubergines soient tendres. Arrosez de quelques gouttes d'huile, parsemez de persil et servez.

POUR UN REPAS COMPLET

Dégustez avec des tranches de pain grillé. Servez ensuite un laitage et des fruits.

COCOTTE *de* HARICOTS BLANCS *aux* LÉGUMES VERTS

POUR 4 PERSONNES • PRÉPARATION : 15 MIN • CUISSON : 25 MIN

- *500 g de haricots blancs en bocal*
- *4 feuilles de chou kale*
- *100 g de pousses d'épinards*
- *100 g de feuilles de cresson*
- *2 gousses d'ail*
- *1 oignon*
- *1 branche de céleri*
- *huile d'olive*
- *2 cubes de bouillon de légumes*
- *1 pincée de piment d'Espelette*
- *2 c. à soupe de parmesan râpé*
- *sel et poivre*

Émincez l'ail, l'oignon et le céleri. Faites-les revenir 5 min dans une cocotte avec de l'huile. Ajoutez les haricots rincés et égouttés. Versez 1 l d'eau et émiettez les cubes de bouillon. Saupoudrez de piment, salez, et poivrez. Laissez mijoter 15 min à feu doux.

Émincez le chou et les épinards, ajoutez-les dans la cocotte et poursuivez la cuisson pendant 5 min.

Répartissez le contenu de la cocotte dans des bols. Parsemez de feuilles de cresson, saupoudrez de parmesan et arrosez d'un filet d'huile.

POUR UN REPAS COMPLET

Servez ensuite un laitage et une salade de fruits.

CHAKCHOUKA *aux* ŒUFS

POUR 4 PERSONNES • PRÉPARATION : 15 MIN • CUISSON : 50 MIN

- *4 œufs*
- *4 poivrons (2 rouges, 1 jaune et 1 vert)*
- *2 tomates*
- *huile d'olive*
- *1 c. à café de paprika*
- *1 c. à café de cumin*
- *1 c. à soupe de coriandre ciselée*
- *sel et poivre*

Préchauffez le four à 200 °C. Enfournez les poivrons pour 15 min sur une plaque, en les retournant à mi-cuisson. Sortez-les du four, enfermez-les dans un sac de congélation et laissez-les refroidir. Pelez les poivrons et épépinez-les, puis coupez-les en lamelles.

Coupez les tomates en dés et faites-les revenir 10 min dans une cocotte avec un peu d'huile. Ajoutez les poivrons et les épices, salez et poivrez. Remuez, puis laissez mijoter 20 min à couvert.

Ménagez 4 creux dans les légumes et cassez les œufs dedans. Couvrez et laissez cuire environ 5 min. Parsemez de coriandre et servez.

POUR UN REPAS COMPLET

La chakchouka se déguste chaude ou froide avec du pain marocain ou du pain pita.

CHOU BRAISÉ *aux* LÉGUMES

POUR 4 PERSONNES • PRÉPARATION : 15 MIN • CUISSON : 50 MIN

- *1 gros chou blanc*
- *4 carottes*
- *3 tomates*
- *2 oignons*
- *huile d'olive*
- *1 cube de bouillon de légumes*
- *2 clous de girofle*
- *1 bouquet garni*
- *1 c. à soupe de persil ciselé*
- *sel et poivre*

Portez à ébullition de l'eau salée dans une grande casserole. Plongez-y le chou pendant 4 min, puis égouttez-le et coupez-le en morceaux en retirant le trognon. Pressez les morceaux entre vos mains pour bien retirer toute l'eau.

Émincez les carottes, les tomates et les oignons. Dans une cocotte, faites revenir les carottes et les oignons 5 min avec un peu d'huile. Ajoutez le chou et les tomates, versez environ 50 cl d'eau pour recouvrir les légumes. Ajoutez le cube de bouillon émietté, les clous de girofle, le bouquet garni, salez et poivrez. Portez à ébullition, puis couvrez et laissez mijoter 40 min à feu doux.

Retirez le bouquet garni et les clous de girofle. Parsemez de persil et servez.

POUR UN REPAS COMPLET

Servez le chou braisé accompagné d'un riz pilaf et complétez le repas avec un laitage.

NAVARIN VERT

POUR 4 PERSONNES • PRÉPARATION : 15 MIN • CUISSON : 25 MIN ENVIRON

- *1 botte d'asperges vertes*
- *100 g de petits pois surgelés*
- *600 g de fèves pelées surgelées*
- *100 g de pois gourmands*
- *1 botte d'oignons nouveaux*
- *1 oignon*
- *huile d'olive*
- *2 cubes de bouillon de légumes*
- *500 g de petites pommes de terre nouvelles*
- *3 c. à soupe d'herbes mélangées ciselées (cerfeuil, estragon, persil, ciboulette...)*
- *15 g de beurre*
- *sel et poivre*

Pelez les oignons nouveaux en gardant un peu de tige verte. Pelez et hachez l'oignon.

Dans une cocotte, faites revenir l'oignon dans un peu d'huile jusqu'à ce qu'il soit translucide. Versez 1 l d'eau, ajoutez les cubes de bouillon émiettés et portez à ébullition. Ajoutez les pommes de terre, puis après 5 min, les asperges, les petits pois et les fèves. Poursuivez la cuisson pendant 10 min.

Ajoutez les oignons nouveaux et les pois gourmands. Laissez cuire environ 5 min. Parsemez d'herbes et de beurre en parcelles. Salez, poivrez et servez.

POUR UN REPAS COMPLET

Servez ensuite un laitage et un fruit.

CHILI *sin* CARNE

POUR 4 PERSONNES • PRÉPARATION : 15 MIN • CUISSON : 50 MIN ENVIRON

- *800 g de haricots rouges en conserve*
- *500 g de tomates concassées en conserve*
- *400 g de tofu nature*
- *2 oignons*
- *2 courgettes*
- *2 poivrons rouges*
- *2 c. à soupe d'huile d'olive*
- *1 c. à soupe de cannelle en poudre*
- *1 c. à soupe de cumin en poudre*
- *1 c. à café de piment d'Espelette*
- *quelques brins de coriandre (ou de cerfeuil)*
- *sel et poivre*

Pelez et émincez les oignons. Détaillez les courgettes en dés. Épépinez les poivrons, puis coupez-les en dés.

Faites revenir les légumes 5 min avec l'huile dans une cocotte à feu vif. Baissez le feu et ajoutez la cannelle, le cumin et le piment. Laissez cuire 2 ou 3 min. Ajoutez les haricots égouttés, les tomates, salez et poivrez. Mélangez et faites cuire 30 min environ à feu moyen, en remuant régulièrement afin que les légumes n'attachent pas.

Ajoutez le tofu émietté et un peu d'eau si le chili vous semble trop épais. Poursuivez la cuisson encore 15 min. Décorez de brins de coriandre. Dégustez aussitôt.

POUR UN REPAS COMPLET

Servez avec du riz parfumé, du guacamole et une sauce au yaourt et aux zestes de citron vert.

BOULGOUR *aux* ASPERGES FAÇON PILAF

POUR 4 PERSONNES • PRÉPARATION : 15 MIN • CUISSON : 30 MIN

- *120 g de boulgour*
- *1 botte d'asperges vertes*
- *1 c. à soupe d'amandes effilées*
- *2 oignons rouges*
- *12 tomates cerises*
- *huile d'olive*
- *1 cube de bouillon de légumes*
- *2 c. à soupe de basilic ciselé*
- *sel et poivre*

Coupez les pointes des asperges (gardez le reste pour une soupe, par exemple). Faites-les cuire 5 min à l'eau bouillante salée.

Faites griller les amandes à sec dans une poêle. Pelez les oignons et coupez-les en rondelles. Coupez les tomates cerises en deux.

Dans une casserole, faites revenir les oignons dans un peu d'huile pendant 5 min à feu moyen, jusqu'à ce qu'ils soient translucides. Ajoutez le boulgour, remuez 1 min, puis versez 30 cl d'eau et ajoutez le cube de bouillon émietté. Laissez cuire 10 min à feu doux en remuant régulièrement.

Ajoutez les tomates et les asperges, salez et poivrez. Poursuivez la cuisson encore 5 min. Parsemez de basilic et d'amandes.

POUR UN REPAS COMPLET

Servez ensuite un laitage et une salade d'oranges, banane et kiwi.

POÊLÉE *de* CHÂTAIGNES *aux* CHAMPIGNONS

POUR 4 PERSONNES • PRÉPARATION : 15 MIN • CUISSON : 10 MIN

- *200 g de châtaignes en conserve*
- *300 g de girolles*
- *200 g d'autres champignons des bois (ou de champignons de Paris)*
- *2 c. à soupe d'huile d'olive*
- *1 gousse d'ail*
- *2 brins d'origan (ou de thym)*
- *sel et poivre*

PETITE VARIANTE
Complétez la poêlée avec du tofu coupé en cubes.

Brossez délicatement les champignons et ôtez le bout terreux. Passez-les sous un filet d'eau, coupez les plus gros en morceaux. Plongez les girolles 1 min dans de l'eau bouillante salée.

Mettez l'huile à chauffer dans une grande poêle et faites-y revenir les champignons et les châtaignes 5 min à feu vif. Baissez le feu, ajoutez l'ail pressé et l'origan, salez et poivrez. Poursuivez la cuisson encore 5 min. Dégustez aussitôt.

POUR UN REPAS COMPLET

Accompagnez cette poêlée d'une salade verte et servez ensuite un plateau de fromages.

OMELETTE FLORENTINE

POUR 4 PERSONNES • PRÉPARATION : 15 MIN • CUISSON : 10 MIN

- *8 œufs*
- *400 g d'épinards en branches*
- *40 g de beurre*
- *1 bonne pincée de noix de muscade râpée*
- *sel et poivre*

Faites cuire les épinards 5 min à couvert dans une casserole d'eau salée. Égouttez-les soigneusement et hachez-les grossièrement.

Faites poêler les épinards avec la moitié du beurre. Retirez-les de la poêle et réservez au chaud.

Battez les œufs en omelette. Incorporez les épinards, salez et poivrez. Parsemez de noix de muscade.

Dans la poêle, faites fondre le reste du beurre sans le laisser brunir. Lorsqu'il est chaud, versez les œufs. Faites cuire quelques minutes à feu doux, puis retournez l'omelette pour faire dorer l'autre face. Servez aussitôt.

POUR UN REPAS COMPLET

Servez ensuite une petite portion de riz au lait et un fruit.

POÊLÉE *de* TOFU *aux* POUSSES GERMÉES

POUR 4 PERSONNES • PRÉPARATION : 10 MIN • CUISSON : 20 MIN

- *200 g de tofu*
- *400 g de germes de soja frais ou en conserve*
- *400 g de haricots verts surgelés*
- *2 oignons*
- *2 gousses d'ail*
- *3 c. à soupe d'huile d'arachide*
- *2 c. à café de gingembre en poudre*
- *2 c. à soupe de sauce soja*
- *sel et poivre*

Pelez et émincez les oignons et l'ail. Coupez le tofu en cubes. Dans une poêle, chauffez 1 cuillerée à soupe d'huile et faites-y suer les oignons et l'ail. Ajoutez les haricots verts, le tofu et le gingembre. Laissez cuire 5 min à feu moyen.

Rincez les germes de soja, puis égouttez-les. Versez le reste d'huile dans une autre poêle et faites-y sauter les germes 5 min ; salez et poivrez. Ajoutez la sauce soja, puis les haricots et le tofu, et poursuivez la cuisson encore 2 min. Servez aussitôt.

PETITE VARIANTE
Selon la saison, préparez cette poêlée avec des courgettes, des carottes ou des champignons.

BON À SAVOIR

Ce qu'on appelle souvent « germes de soja » n'est pas du vrai soja. Il s'agit de pousses de haricot mungo.

TORTILLA *aux* ARTICHAUTS CONFITS

POUR 6 À 8 PERSONNES • PRÉPARATION : 20 MIN • CUISSON : 25 MIN

- *6 œufs*
- *6 pommes de terre à chair fondante*
- *1 pot de fonds d'artichaut confits à l'huile*
- *15 cl d'huile d'olive*
- *1 oignon blanc*
- *150 g de fromage de brebis basque*
- *sel et poivre*

Pelez les pommes de terre et émincez-les finement. Faites chauffer doucement 6 cuillerées à soupe d'huile dans une sauteuse. Ajoutez les pommes de terre et faites-les cuire 10 min en les retournant souvent.

Pelez et émincez l'oignon. Ajoutez-le dans la sauteuse et faites-le cuire jusqu'à ce qu'il soit tendre.

Égouttez les fonds d'artichaut et coupez-les en morceaux si besoin. Râpez le fromage. Battez les œufs dans un saladier. Salez et poivrez, puis ajoutez les pommes de terre, les artichauts et le fromage. Mélangez délicatement.

Faites chauffer 3 cuillerées à soupe d'huile dans une sauteuse et versez-y la préparation aux œufs. Faites cuire la tortilla 5 min, puis retournez-la. Ajoutez un peu d'huile et faites cuire l'autre côté.

POUR UN REPAS COMPLET

Vous pouvez servir cette tortilla tiède ou froide avec une salade de roquette. Terminez par un dessert léger.

RIZ SAUTÉ *aux* LENTILLES CORAIL *et au* TOFU

POUR 6 PERSONNES • PRÉPARATION : 20 MIN • CUISSON : 20 MIN

- *400 g de riz thaï*
- *50 g de lentilles corail*
- *200 g de tofu nature*
- *2 carottes*
- *3 brins de coriandre*
- *3 brins d'estragon*
- *1/2 c. à café de graines de coriandre*
- *1/2 c. à café de graines de cumin*
- *2 gousses de cardamome*
- *6 c. à soupe d'huile d'olive*
- *50 g de raisins secs*
- *sel et poivre*

Faites cuire le riz à l'eau bouillante selon le temps indiqué sur l'emballage. Égouttez, rincez sous l'eau froide, puis laissez refroidir.

Pendant ce temps, faites cuire les lentilles 5 min dans une grande casserole d'eau salée. Égouttez-les.

Égouttez le tofu et coupez-le en dés. Épluchez les carottes et coupez-les en rondelles. Hachez les herbes.

Faites dorer les épices 2 min avec l'huile dans une sauteuse. Ajoutez le riz, les lentilles, les raisins secs et les carottes. Faites-les sauter 8 min. Ajoutez le tofu et les herbes. Mélangez, rectifiez l'assaisonnement si besoin et servez.

POUR UN REPAS COMPLET

Servez ensuite une salade d'endives ou de mâche.

FAJITAS *aux* HARICOTS ROUGES *et au* MAÏS

POUR 4 PERSONNES • PRÉPARATION : 15 MIN • CUISSON : 30 MIN

- *8 tortillas de blé*
- *150 g de haricots rouges en conserve*
- *200 g de maïs en conserve*
- *1 gros oignon*
- *1 gousse d'ail*
- *3 poivrons (1 rouge, 1 vert et 1 jaune)*
- *1 tomate*
- *huile d'olive*
- *350 g de coulis de tomate*
- *3 c. à soupe de concentré de tomate*
- *1/2 c. à café de sucre roux*
- *1/2 c. à café de paprika*
- *1/2 c. à café de cumin en poudre*
- *1 pincée de cayenne*
- *1/2 bouquet de coriandre*
- *sel et poivre*

Égouttez et rincez les haricots rouges et le maïs. Pelez et émincez l'oignon et l'ail. Épépinez les poivrons et coupez-les en lamelles. Coupez la tomate en dés.

Faites revenir l'oignon et l'ail dans une poêle avec un peu d'huile. Quand l'oignon est translucide, ajoutez les poivrons, couvrez et faites cuire 10 min. Incorporez la tomate, le coulis de tomate, le concentré, le sucre et les épices. Laissez mijoter 15 min. Salez, poivrez, puis ajoutez les haricots et le maïs. Laissez cuire 5 min. Ciselez la coriandre, puis ajoutez-la au dernier moment.

Faites chauffer les tortillas quelques secondes au four à micro-ondes. Répartissez la garniture au centre de chacune et pliez en rabattant les bords. Servez aussitôt.

POUR UN REPAS COMPLET

Dégustez avec une salade verte et servez ensuite un fromage.

GALETTES *de* COURGETTES *à la* MOZZARELLA

POUR 4 PERSONNES • PRÉPARATION : 15 MIN • CUISSON : 5 MIN

- *250 g de courgettes*
- *1 boule de mozzarella*
- *1/2 oignon*
- *125 g de semoule de blé*
- *1 c. à soupe bombée de farine*
- *2 œufs*
- *2 c. à soupe d'huile d'olive*
- *sel et poivre*

Râpez les courgettes. Coupez la mozzarella en petits cubes. Pelez et émincez l'oignon.

Placez la semoule dans un bol. Recouvrez-la d'eau chaude et laissez gonfler 5 min sous un torchon propre. Égrainez la semoule et mélangez-la avec les courgettes, l'oignon, la farine et les œufs battus. Salez, poivrez, puis ajoutez la mozzarella.

Formez des galettes en les tassant bien entre les mains, puis faites-les cuire 3 min de chaque côté dans une poêle huilée.

POUR UN REPAS COMPLET

Dégustez avec une petite salade verte. Servez ensuite un yaourt ou un fromage blanc avec de la confiture ou du miel.

GALETTES *de* BLÉ NOIR *aux* TOMATES *à la* PROVENÇALE

POUR 4 PERSONNES • PRÉPARATION : 15 MIN • CUISSON : 20 MIN

- *4 galettes de blé noir*
- *2 tomates*
- *1 oignon*
- *2 c. à soupe d'huile d'olive*
- *1 c. à café d'herbes de Provence*
- *4 œufs*
- *beurre*
- *100 g de fromage râpé*
- *sel et poivre*

Coupez les tomates en rondelles. Émincez l'oignon. Dans une poêle, faites-le revenir pendant 3 ou 4 min avec 2 cuillerées à soupe d'huile. Ajoutez les tomates. Salez, poivrez et parsemez d'herbes de Provence. Laissez mijoter 5 min, jusqu'à ce que les tomates soient fondantes.

Préchauffez le four à 160 °C. Faites cuire les œufs au plat dans une poêle avec du beurre.

Dans une autre poêle, faites fondre un peu de beurre, mettez 1 galette, garnissez-la de fromage, de tomates et de 1 œuf au plat. Laissez cuire 5 min, jusqu'à ce que le fromage soit fondu. Mettez les galettes au fur et à mesure au four pendant que vous faites cuire les autres.

POUR UN REPAS COMPLET

Accompagnez les galettes d'une salade verte et servez ensuite un dessert aux fruits.

GALETTES de HARICOTS ROUGES au CURRY

POUR 4 PERSONNES • PRÉPARATION : 15 MIN • CUISSON : 5 MIN

- *300 g de haricots rouges en conserve*
- *1 carotte*
- *1 oignon*
- *1 c. à soupe de curry en poudre*
- *1 œuf*
- *70 g de chapelure*
- *huile d'olive*
- *sel et poivre*

PETITE VARIANTE
Vous pouvez ajouter des herbes dans ces galettes, par exemple de la coriandre.

Égouttez les haricots. Épluchez et râpez la carotte. Pelez et émincez l'oignon.

Écrasez les haricots à la fourchette avec le curry. Lorsque vous obtenez une sorte de purée gluante, ajoutez l'oignon et la carotte. Incorporez l'œuf et la chapelure, salez, poivrez et mélangez bien. Formez 4 galettes.

Poêlez les galettes 3 min de chaque côté avec un filet d'huile. Dégustez-les bien chaudes.

POUR UN REPAS COMPLET

Accompagnez ces galettes d'une salade verte ou de carottes râpées et servez ensuite un laitage et un fruit.

CAKE *à la* FETA *et aux* OLIVES

POUR 6 PERSONNES • PRÉPARATION : 15 MIN • CUISSON : 45 MIN

- *150 g de feta*
- *75 g d'olives noires dénoyautées*
- *200 g de farine*
- *1 sachet de levure chimique*
- *3 œufs*
- *10 cl d'huile d'olive*
- *10 cl de lait*
- *2 c. à soupe de menthe ciselée*
- *poivre*

Préchauffez le four à 180 °C. Coupez la feta en petits dés et les olives en rondelles. Dans un saladier, mélangez la farine et la levure, ajoutez les œufs battus, poivrez et remuez au fouet à main.

Incorporez l'huile, le lait, la feta, les olives et la menthe. Versez la pâte dans un moule à cake de 25 cm de long beurré et fariné. Enfournez pour 45 min.

Laissez tiédir avant de démouler. Servez tiède ou froid.

POUR UN REPAS COMPLET

Dégustez le cake avec une salade de tomates et servez ensuite un laitage ou un fruit.

CAKE *à la* COURGETTE *et au* CHÈVRE

POUR 4 À 6 PERSONNES • PRÉPARATION : 10 MIN • CUISSON : 50 À 60 MIN

- *1 courgette*
- *150 g de fromage de chèvre frais*
- *10 cl d'huile d'olive*
- *3 œufs*
- *150 g de farine*
- *1 sachet de levure chimique*
- *15 g de parmesan râpé*
- *1/2 bouquet de persil*
- *50 g de graines de courge*
- *sel*

BON À SAVOIR
Ce cake sera tout aussi bon le lendemain, à condition de le conserver enveloppé de film alimentaire, dans un endroit frais.

Préchauffez le four à 180 °C. Coupez la courgette en petits cubes. Dans un saladier, émiettez le chèvre, ajoutez l'huile et les œufs. Mélangez au fouet à main.

Dans un autre saladier, mélangez la farine, la levure, le parmesan et 1 pincée de sel. Versez dans le premier saladier et mélangez rapidement. Ajoutez la courgette, le persil haché et la moitié des graines de courge. Mélangez sans trop insister.

Versez la pâte dans un moule à cake tapissé de papier sulfurisé et parsemez des graines de courge restantes. Enfournez pour 50 à 60 min. Pour vérifier la cuisson, plantez la lame d'un couteau au centre du cake. Si elle ressort sèche, il est prêt. Laissez tiédir avant de démouler.

POUR UN REPAS COMPLET

Servez avec une salade de crudités et un dessert aux fruits.

CAKE MARBRÉ *aux* TOMATES SÉCHÉES

POUR 4 PERSONNES • PRÉPARATION : 10 MIN • CUISSON : 45 À 50 MIN

- *60 g de tomates séchées*
- *180 g de farine*
- *1 sachet de levure chimique*
- *3 œufs*
- *15 cl d'huile d'olive*
- *75 g de parmesan râpé*
- *3 c. à soupe de concentré de tomate*
- *3 c. à soupe de pesto*
- *60 g de pignons de pin*
- *sel et poivre*

BON À SAVOIR
Le moule doit toujours être beurré, sauf s'il est en silicone. Remplissez-le aux trois quarts, car la pâte va gonfler !

Préchauffez le four à 180 °C. Tamisez la farine avec la levure, creusez un puits et cassez les œufs dedans, mélangez. Ajoutez l'huile et le parmesan. Mélangez pour obtenir une préparation lisse et homogène. Rectifiez l'assaisonnement. Séparez la préparation dans deux saladiers.

Dans le premier saladier, ajoutez le concentré de tomate et les tomates séchées coupées en petits dés. Dans le second, incorporez le pesto et les pignons de pin.

Versez la pâte à la tomate dans un moule à cake beurré, puis recouvrez-la de la pâte au pesto. Plantez un couteau dans le cake en zigzaguant, sans mélanger. Enfournez pour 45 à 50 min. Laissez refroidir avant de démouler.

POUR UN REPAS COMPLET

Servez avec une salade de roquette ou un mesclun.

TARTE *au* FROMAGE BLANC *et aux* POIREAUX

POUR 4 PERSONNES • PRÉPARATION : 20 MIN • CUISSON : 50 MIN

- *1 pâte brisée*
- *600 g de fromage blanc*
- *4 poireaux*
- *3 œufs*
- *2 cm de gingembre frais*
- *2 c. à soupe d'huile d'olive*
- *2 c. à soupe de graines de pavot*
- *sel et poivre*

Préchauffez le four à 180 °C. Garnissez de pâte brisée un moule à charnière beurré de 25 cm de diamètre. Piquez le fond et égalisez les bords avec un petit couteau.

Dans un saladier, fouettez le fromage blanc avec les œufs. Coupez les poireaux en rondelles. Pelez et émincez le gingembre.

Dans une grande sauteuse, chauffez l'huile, puis faites-y revenir le gingembre. Ajoutez les poireaux et faites-les revenir 5 min. Égouttez-les, puis incorporez-les au fromage blanc avec le gingembre. Salez, poivrez et mélangez bien.

Versez dans le moule, saupoudrez de graines de pavot et enfournez pour 45 min. À la sortie du four, laissez reposer la tarte 5 min et dégustez.

POUR UN REPAS COMPLET

Servez ensuite une salade de fruits ou une compote.

QUICHE *aux* ASPERGES

POUR 4 À 6 PERSONNES • PRÉPARATION : 20 MIN • CUISSON : 45 MIN

- *1 pâte brisée*
- *1 botte d'asperges vertes*
- *2 oignons nouveaux*
- *huile d'olive*
- *20 cl de crème fraîche épaisse*
- *3 œufs*
- *10 cl de lait*
- *1 c. à soupe de ciboulette ciselée*
- *100 g de fromage râpé*
- *sel et poivre*

Préchauffez le four à 180 °C. Étalez la pâte dans un moule à tarte rectangulaire de 35 x 11 cm (ou un moule rond de taille équivalente), piquez le fond à la fourchette. Faites précuire la pâte au four pendant 10 min.

Pendant ce temps, coupez les extrémités des asperges. Faites-les cuire 10 min à l'eau bouillante salée. Égouttez-les et laissez-les refroidir. Si elles sont grosses, coupez-les en deux dans la longueur.

Émincez les oignons et faites-les suer 3 ou 4 min dans une poêle avec un peu d'huile. Ajoutez les asperges et laissez cuire 5 min. Elles doivent rester un peu fermes.

Mélangez la crème, les œufs, le lait et la ciboulette. Répartissez les asperges et les oignons sur le fond de tarte. Parsemez de fromage et recouvrez du mélange à la crème. Enfournez pour 30 min environ.

POUR UN REPAS COMPLET

Dégustez avec une salade verte ou une salade de tomates, et servez ensuite des fruits frais.

QUICHE à la RATATOUILLE

POUR 4 À 6 PERSONNES • PRÉPARATION : 10 MIN • CUISSON : 30 À 35 MIN

- *1 pâte brisée*
- *600 g de ratatouille cuisinée surgelée*
- *3 œufs*
- *15 cl de crème liquide (ou de fromage blanc)*
- *80 g de comté ou de parmesan*
- *sel et poivre*

PETITE VARIANTE
Ajoutez des olives noires dénoyautées à la ratatouille avant de l'étaler sur le fond de pâte.

Préchauffez le four à 180 °C. Garnissez de pâte brisée un moule à tarte de 28 cm de diamètre. Piquez la pâte à la fourchette.

Faites décongeler la ratatouille quelques minutes au four à micro-ondes. Battez les œufs avec la crème. Salez, poivrez puis ajoutez la ratatouille. Râpez le fromage, puis ajoutez-en la moitié à la préparation.

Étalez le mélange sur le fond de tarte et parsemez du reste de fromage. Enfournez pour 30 à 35 min. Servez chaud ou frais.

POUR UN REPAS COMPLET

Servez ensuite un fromage blanc à la confiture et un fruit frais.

TARTE *aux* ÉPINARDS

POUR 4 À 6 PERSONNES • PRÉPARATION : 15 MIN • CUISSON : 40 MIN

- *1 pâte feuilletée*
- *400 g d'épinards hachés surgelés*
- *6 œufs*
- *20 cl de crème liquide*
- *20 cl de lait*
- *1 bûche de chèvre cendré*
- *sel et poivre*

PETITE VARIANTE
Parsemez la tarte de pignons de pin grillés à sec dans une poêle.

Préchauffez le four à 180 °C. Faites décongeler les épinards à feu très doux dans une casserole ou au four à micro-ondes.

Dans un saladier, battez les œufs avec la crème et le lait. Ajoutez les épinards, salez et poivrez, puis fouettez à nouveau.

Étalez la pâte feuilletée dans un moule à tarte de 26 cm de diamètre, puis versez-y la préparation aux épinards. Coupez le chèvre en tranches de 5 mm d'épaisseur, puis déposez-les sur le dessus de la tarte. Enfournez pour 40 min. Servez chaud.

POUR UN REPAS COMPLET

Dégustez avec une salade de crudités ou servez ensuite une salade de fruits frais.

QUICHE ÉPAISSE *de* PRINTEMPS

POUR 4 À 6 PERSONNES • PRÉPARATION : 15 MIN • CUISSON : 45 À 50 MIN

- *1 pâte brisée*
- *200 g de petits pois écossés frais ou surgelés*
- *100 g de pois gourmands*
- *100 g de pousses d'épinards*
- *4 œufs*
- *20 cl de crème fraîche épaisse*
- *1 ou 2 pincées de noix de muscade*
- *sel et poivre*

Préchauffez le four à 180 °C. Déroulez la pâte et foncez-en sans l'étirer un moule à tarte beurré de 20 cm de diamètre. Repliez le surplus vers l'intérieur pour avoir des bords bien épais. Appuyez avec vos doigts pour qu'ils prennent l'empreinte des cannelures et pincez le bord pour le denteler.

Faites cuire les petits pois 15 min (5 min s'ils sont surgelés) à l'eau bouillante salée. Ajoutez les pois gourmands et les épinards. Poursuivez la cuisson 5 min, puis égouttez tous les légumes et passez-les sous l'eau glacée pour préserver leur couleur. Égouttez-les.

Battez les œufs avec la crème, salez, poivrez et ajoutez la noix de muscade. Versez dans le moule, puis ajoutez les légumes. Enfournez pour 25 à 30 min, jusqu'à ce que le centre de la quiche soit pris.

POUR UN REPAS COMPLET

Dégustez avec une salade de crudités, carottes et fenouil par exemple, et un flan à la vanille.

PIZZA *aux* DEUX FROMAGES

POUR 4 À 6 PERSONNES • PRÉPARATION : 10 MIN • CUISSON : 20 MIN

- *1 pâte à pizza*
- *80 g de mimolette vieille*
- *125 g de mozzarella*
- *1 c. à soupe d'huile d'olive*
- *100 à 150 g de champignons de Paris*
- *4 c. à soupe de purée de tomate*
- *sel et poivre*

Préchauffez le four à 210 °C. Émincez les champignons. Faites chauffer l'huile dans une sauteuse et ajoutez-les. Salez, poivrez et laissez cuire environ 5 min.

Détaillez la mimolette et la mozzarella en lamelles. Étalez la pâte à pizza sur une plaque recouverte de papier sulfurisé. Badigeonnez-la de purée de tomate, puis répartissez dessus les champignons et les lamelles de mimolette et de mozzarella.

Enfournez pour 15 min. Servez chaud.

POUR UN REPAS COMPLET

Servez avec une salade de mâche et de betteraves crues râpées.

PIZZA *aux* COURGETTES *et aux* POIVRONS

POUR 4 PERSONNES • PRÉPARATION : 10 MIN • CUISSON : 25 À 30 MIN

- *1 pâte à pizza*
- *400 g de courgettes en rondelles surgelées*
- *200 g de poivrons surgelés*
- *2 c. à soupe d'huile d'olive*
- *1 boule de mozzarella*
- *2 branches de thym séché*
- *sel et poivre*

PETITE VARIANTE
Vous pouvez ajouter quelques filets d'anchois à l'huile sur la pizza juste avant de servir.

Préchauffez le four à 200-210 °C. Déroulez la pâte à pizza sur une plaque recouverte de papier sulfurisé.

Faites chauffer 1 cuillerée d'huile dans une sauteuse. Ajoutez les courgettes et les poivrons et faites cuire à feu assez vif 5 min environ, en remuant souvent. Répartissez les légumes sur la pâte.

Coupez la mozzarella en tranches et ajoutez-les sur la pizza. Salez, poivrez, parsemez de thym émietté et enfournez pour 20 à 25 min. À la sortie du four, arrosez d'un filet d'huile et servez aussitôt.

POUR UN REPAS COMPLET

Dégustez avec une salade de roquette ou de tomates, et servez un yaourt et des fruits frais en dessert.

PIZZA *à la* MOZZARELLA *et à la* TOMATE

POUR 4 À 6 PERSONNES • PRÉPARATION : 15 MIN • CUISSON : 30 MIN

- *1 pâte à pizza*
- *300 g de mozzarella*
- *1 grosse boîte de tomates pelées (450 g environ)*
- *2 c. à soupe de concentré de tomate*
- *1 poignée d'olives noires*
- *1 c. à soupe d'origan séché*
- *sel et poivre*

Préchauffez le four à 210 °C. Déroulez la pâte à pizza sur une plaque recouverte de papier sulfurisé.

Coupez la mozzarella en dés. Égouttez les tomates pelées, ouvrez-les en deux et épépinez-les. Mixez-les avec le concentré de tomate. Coupez les olives en rondelles.

Versez la purée de tomate sur la pâte. Ajoutez par-dessus la mozzarella et les olives. Salez, poivrez et saupoudrez d'origan. Enfournez pour 30 min. Servez bien chaud.

POUR UN REPAS COMPLET

Dégustez avec une salade de laitue iceberg et servez des fruits frais en dessert.

PIZZA *aux* LÉGUMES GRILLÉS

POUR 4 PERSONNES • PRÉPARATION : 15 MIN
CUISSON : 10 À 15 MIN • DÉCONGÉLATION : 10 MIN

- *1 pâte à pizza*
- *500 g de légumes grillés surgelés (aubergines, courgettes, poivrons)*
- *1 gousse d'ail*
- *huile d'olive*
- *2 c. à soupe de concentré de tomate*
- *1 c. à soupe de câpres*
- *1/2 bouquet de basilic*
- *sel et poivre*

BON À SAVOIR
Faites la pizza avec de la pâte à pain achetée en boulangerie, elle sera bien meilleure que celle faite avec une pâte préétalée.

Préchauffez le four à 200 °C. Faites décongeler les légumes grillés surgelés. Faites-les mariner 5 min avec l'ail pressé et de l'huile. Salez et poivrez.

Étalez le concentré de tomate sur la pâte, puis répartissez les légumes dessus. Enfournez pour 10 à 15 min.

Lorsque la pizza est cuite, ajoutez les câpres et les feuilles de basilic.

POUR UN REPAS COMPLET

Dégustez avec une salade frisée agrémentée de tomates cerises et servez un yaourt en dessert.

INDEX DES RECETTES PAR INGRÉDIENT

L-M-O

P

Q-R-S

T-V

Direction de la publication : Isabelle Jeuge-Maynart et Ghislaine Stora
Direction éditoriale : Émilie Franc
Édition : Ewa Lochet
Conception graphique et mise en page : Agnès Cappadoro et Mélanie Hurel
Couverture : Bastien Gelas
Fabrication : Émilie Latour

CRÉDITS DES PHOTOGRAPHIES

Fabrice Besse (stylisem B. Abraham) : page 111 ; Nathalie Carnet (stylisme C. Antoine) : page 69 ; Marie-José Jarry (stylisme B. Abraham) : pages 65, 105 ; Marie-José Jarry (stylisme C. Moreau) : pages 87, 91, 101 ; Olivier Ploton (stylisme A. Loiseau) : page 117 ; Olivier Ploton (stylisme M. Martin) : pages 67, 71, 93, 121, 123 ; Olivier Ploton (stylisme A. Royer) : pages 119, 125 ; Aline Princet (stylisme P. Dubois) : pages 43, 49, 57 ; Aline Princet (stylisme C. Ferreira) : pages 55, 97 ; Amélie Roche (stylisme A. Royer) : page 51 ; Philippe Vaurès Santamaria (stylisme C. Moreau) : pages 23, 29, 35, 37 ; Fabrice Veigas (stylisme P. Dubois) : pages 7, 11, 13, 17, 19, 21, 31, 39, 41, 47, 53, 59, 61, 63, 73, 77, 79, 81, 83, 85, 89, 99, 103, 107, 113 ; Pierre-Louis Viel (stylisme V. Drouet) : page 25.

Pour les photos des pages 7, 11, 13, 17, 19, 21, 31, 39, 41, 47, 53, 59, 61, 63, 73, 77, 79, 81, 83, 85, 89, 99, 103, 107, 113, la styliste remercie les marques suivantes :
Serax *www.serax.com*,
Revol *www.revol1768.com*
Maison de Vacances *www.maisondevacances.com*.

CRÉDITS DES TEXTES

Bérengère Abraham : pages 45, 64, 100, 104, 110 ; Noëmie André : page 75 ; Camille Antoine : page 68 ; Élise Delprat-Alvarès : page 109 ; Valéry Drouet : page 24 ; Pauline Dubois : pages 6, 10, 12, 16, 18, 20, 30, 38, 40, 42, 46, 48, 52, 56, 58, 60, 62, 72, 76, 78, 80, 82, 84, 88, 98, 102, 106, 112 ; Coralie Ferreira : 54, 95, 96 ; Anne Loiseau : page 116 ; Mélanie Martin : 26, 66 ; Catherine Moreau : pages 15, 22, 27, 28, 33, 34, 36, 74, 86, 90 ; Quitterie Pasquesoone : page 8 ; Aude Royer : 50 ; fonds Larousse : pages 9, 14, 32, 44, 94, 114, 118, 120, 122, 124.

Les Éditions Larousse utilisent des papiers composés de fibres naturelles, renouvelables, recyclables et fabriquées à partir de bois issus de forêts qui adoptent un système d'aménagement durable. En outre, les Éditions Larousse attendent de leurs fournisseurs de papier qu'ils s'inscrivent dans une démarche de certification environnementale reconnue.

ISBN : 978-2-03-598741-9

Photogravure Nord Compo, Villeneuve d'Ascq
Imprimé en Espagne par Estella Graficas
Dépôt légal : avril 2017
325494/01 – 11043291 février 2020

PAPIER À BASE DE FIBRES CERTIFIÉES

LAROUSSE s'engage pour l'environnement en réduisant l'empreinte carbone de ses livres. Celle de cet exemplaire est de :
1,3 Kg éq. CO_2
Rendez-vous sur www.larousse-durable.fr